El Juego Final:
Cómo escapé de la ruina y encontré la felicidad

EL JUEGO FINAL: CÓMO ESCAPÉ DE LA RUINA Y ENCONTRÉ LA FELICIDAD

First edition. September 2, 2024.

Copyright © 2024 ZAHOUL LOVEN.

ISBN: 979-8227097934

Written by ZAHOUL LOVEN.

Tabla de Contenido

"Siempre es posible recuperar la felicidad y encontrar la paz que creímos perdida. La fuerza para cambiar vive en cada uno de nosotros, esperando el momento en que decidamos confiar en ella."

-Zahoul Loven-

Agradecimientos

Quiero comenzar este libro agradeciendo a mi red de apoyo, a quienes han sido mi pilar y mi luz en los momentos más oscuros. Gracias por creer en mí cuando yo mismo no podía hacerlo, por sostenerme con su amor, paciencia y comprensión, y por acompañarme en cada paso de este camino de recuperación.

A ti, querido lector, mi gratitud más profunda. Eres la razón por la que me atrevo a contar mi historia, con la esperanza de que estas palabras te ofrezcan consuelo, guía y una chispa de inspiración para seguir adelante. Si mi experiencia puede ayudar a alguien más a encontrar su camino hacia una vida plena, feliz, y en paz, entonces todo este recorrido habrá valido la pena.

Gracias por permitirme ser parte de tu viaje, y por ser, sin saberlo, una fuente de motivación para mí.

1. Introducción: El Juego Comienza

Me llamo Zahoul, tengo 18 años, y podría decirse que hasta hace poco tenía una vida normal, incluso buena, según muchos. Vengo de una familia que siempre me apoyó en todo. Mis padres son trabajadores honestos, gente de principios sólidos, el tipo de personas que creen en el valor del esfuerzo y la educación. Mis abuelos, aunque ya mayores, siguen siendo el alma de nuestra casa; siempre tienen un consejo sabio o una sonrisa cálida. Mis dos hermanos menores son mi inspiración y, aunque a veces me saquen de quicio, daría todo por ellos.

Crecí rodeado de amor y cariño, y nunca me faltó nada esencial. Claro, no éramos ricos, pero tampoco necesitábamos serlo. Mi papá siempre decía que ser rico no se trataba de tener dinero, sino de tener una familia como la nuestra. Y yo lo creía. Tenía muchos sueños: estudiar ingeniería, crear algo que realmente impactara al mundo, viajar y conocer lugares, vivir la vida con todas las letras. Me consideraba un chico con suerte, un chico bueno. Y quizá por eso nunca imaginé que, en una sola noche, todo podría empezar a cambiar.

Esa noche había sido larga. Había terminado un turno en la tienda donde trabajaba desde los 15 años; nunca me molestó trabajar, al contrario, me hacía sentir útil, parte de algo más grande. Uno de mis amigos, Mauricio, me invitó a salir. Me dijo que quería mostrarme algo "divertido". No me lo pensé demasiado. Mauricio era un buen tipo, mayor que yo, alguien en quien confiaba. Sin embargo, cuando me dijo que íbamos a un casino, sentí una punzada en el estómago. Nunca había pisado uno, ni siquiera me interesaban. Pero Mauricio insistió: "

—Vamos, Zahoul. Es solo para pasar el rato, nada más".

Entrar en el casino fue como entrar en otro mundo. Las luces brillantes me cegaron al principio; el sonido de las máquinas, las risas, el constante tintineo de las monedas cayendo, el murmullo excitado de la gente... todo me envolvió de inmediato. Me sentía como un niño en una tienda de juguetes, abrumado por todo lo que veía, pero también fascinado. Javier me sonrió, y antes de darme cuenta, me había puesto frente a una mesa de blackjack.

—Vamos, Zahoul, solo una mano para probar suerte —me dijo.

Al principio, dudé. ¿Qué estaba haciendo allí? Yo no era ese tipo de persona. Pero también sentía curiosidad, una especie de cosquilleo en las manos y una voz interna que decía: "¿Por qué no?"

Así que tomé un poco de dinero del bolsillo. No era mucho, solo lo que había ahorrado para comprarme una chaqueta que había visto hacía unos días. Puse los billetes sobre la mesa y tomé asiento.

La primera carta que recibí fue un nueve. Mi corazón empezó a latir más rápido. La siguiente, un rey. La suma era diecinueve. No estaba mal. Sentí que mi boca se secaba un poco, pero mantuve la calma. El crupier sonrió y reveló sus cartas: dieciocho.

¡Había ganado!

La sensación que me recorrió fue indescriptible. Era una mezcla de alivio, de emoción pura, de una especie de orgullo desconocido. Sentí una energía vibrante que me llenó por completo, como si hubiese encontrado una nueva fuente de adrenalina que nunca antes había conocido. Todo mi cuerpo temblaba de emoción. Era como si hubiera tocado una cuerda secreta en mi interior. El crupier me entregó las fichas y, en ese momento, el mundo pareció detenerse. Podía escuchar mi propio corazón latiendo, la sangre corriendo por mis venas. Sentí que todo era posible.

Miré las fichas en mi mano y, por un segundo, me vi a mí mismo usando ese dinero para algo más que una simple chaqueta. Podría ayudar en casa, pagar algunas cuentas, comprarle un regalo a mi madre, llevar a mis hermanos a algún lugar especial. La idea de ganar dinero tan

EL JUEGO FINAL: CÓMO ESCAPÉ DE LA RUINA Y ENCONTRÉ LA FELICIDAD

rápido, de sentir esa euforia una y otra vez, comenzó a parecerme algo bueno, casi noble. Después de todo, no lo hacía por mí, sino por los que más quería.

Esa noche regresé a casa con una sonrisa que no me cabía en el rostro. Me quedé despierto hasta tarde, mirando al techo, sintiendo todavía la emoción de la victoria. No podía sacarme de la cabeza la idea de volver, de repetir esa sensación, de ganar aún más.

Me dije a mí mismo que no pasaba nada malo en eso. Era solo un juego, un pequeño riesgo, y lo peor que podía pasar era perder un poco de dinero, pero nada más. Así que decidí volver. Solo una vez más.

Pero, ahora, mientras escribo esto, me doy cuenta de que algo ha cambiado. Las visitas al casino se han vuelto más frecuentes, más intensas. Cada vez que pierdo, siento una desesperación que no conocía, una necesidad de recuperar lo perdido. Y cada vez que gano, esa euforia inicial es menos intensa, como si algo más profundo estuviera tomando su lugar.

Hoy me siento extraño, inquieto. Algo dentro de mí sabe que esto no es solo un juego, que estoy jugando con fuego. Y lo peor es que no sé cómo parar. Algo está a punto de romperse, puedo sentirlo. Pero todavía no sé qué es, ni hasta dónde va a llegar esto.

Sección de ayuda 1

Esta sección proporciona herramientas y consejos prácticos para aquellos que están comenzando a reconocer la presencia del juego en su vida y quieren tomar medidas para controlar su comportamiento antes de que se convierta en una adicción. Aquí encontrarás algunos pasos iniciales para identificar señales de advertencia y comenzar a tomar acciones proactivas.

Tip 1: Reconoce las Señales Tempranas de Adicción

Identificar las señales tempranas de una posible adicción al juego puede ayudarte a detener el problema antes de que se desarrolle por completo. Algunas señales clave incluyen:

Apostar cantidades mayores para sentir emoción:

✓ Sentir que las apuestas pequeñas ya no te proporcionan la misma emoción que antes.

✓ Necesidad constante de aumentar la cantidad de dinero apostado para experimentar la misma sensación de adrenalina.

✓ Experimentar frustración o aburrimiento si no puedes apostar grandes sumas.

Pensamientos constantes sobre el juego:

✓ Pasar gran parte del día pensando en tus apuestas, estrategias o planes para jugar.

✓ Revisar constantemente tu teléfono o computadora para ver los resultados de tus apuestas.

✓ Desviar tu atención de actividades importantes (como el trabajo o estudios) para fantasear sobre el juego.

Jugar para escapar de problemas o emociones negativas:

✓ Utilizar el juego como una forma de evitar preocupaciones, ansiedad o tristeza.

✓ Apostar después de una discusión o un mal día, creyendo que el juego te hará sentir mejor.

✓ Notar que juegas más cuando estás estresado o emocionalmente vulnerable.

Herramienta: lleva un diario de apuestas para comprender tu comportamiento

Llevar un registro detallado de tus actividades de juego puede ser una herramienta poderosa para entender mejor tus patrones y comportamientos. Un diario de apuestas puede incluir:

- Fechas y tiempos: Registra cada vez que juegas, el tiempo que dedicas y la frecuencia de tus apuestas.
- Cantidad de dinero apostado: Anota cuánto dinero apuestas cada vez y cuántas veces sientes la necesidad de aumentar la cantidad.
- Motivos para jugar: Reflexiona sobre lo que te llevó a jugar en ese momento. ¿Fue por aburrimiento, estrés, celebración, o algo más?

Técnica: "Autoevaluación"

La técnica de autoevaluación es una herramienta reflexiva que te ayuda a analizar el impacto del juego en tu vida y tomar decisiones más conscientes. Dedica tiempo a completar este ejercicio regularmente:

Ejercicio de reflexión personal:

✓ Pregunta: "¿Qué impacto tiene el juego en mis relaciones personales?"

✓ Responde honestamente si el juego ha afectado tus interacciones con amigos, familiares, o pareja.

Evaluación del tiempo invertido:

✓ Pregunta: "¿Cuánto tiempo dedico al juego en comparación con actividades importantes o significativas?"

✓ Anota la cantidad de horas diarias o semanales que dedicas al juego y compáralas con otras actividades esenciales.

Análisis de consecuencias financieras:

✓ Pregunta: "¿Cómo ha afectado el juego a mi situación financiera?"

EL JUEGO FINAL: CÓMO ESCAPÉ DE LA RUINA Y ENCONTRÉ LA FELICIDAD

✓ Revisa tus estados de cuenta, deudas o ahorros, y haz un balance de cómo el juego ha impactado tu estabilidad económica.

2. La Caída: Atrapado en la Trampa

Pasaron unas semanas desde aquella primera noche en el casino. Al principio, todo parecía perfecto. Cada vez que ganaba, sentía una oleada de euforia que me hacía olvidar las preocupaciones del día a día. Mi familia estaba contenta con los pequeños regalos que les había hecho y me sentía bien por poder ayudar. Pero poco a poco, empecé a notar que las cosas no eran tan simples.

Al principio, las ganancias parecían ser un golpe de suerte. No lo cuestioné. Pero pronto, me di cuenta de que no siempre era así. Mi amiga Laura, que también trabajaba en la tienda, me mencionó que había ganado en una máquina tragamonedas en un casino local. La idea de volver me asaltó, y decidí hacerle una visita. Pensé que si lo hacía con moderación, no había nada de malo. Pero lo que comenzó como una visita ocasional se convirtió en una rutina.

Recuerdo una noche en particular. Había ganado una suma significativa en una partida de blackjack, y la sensación fue sublime.

Regresé a casa con un nuevo plan en mente: invertir un poco en mi futuro. Me imaginaba usando el dinero para pagar parte de mis estudios y quizás guardar algo para cuando quisiera mudarme y vivir por mi cuenta. Los planes eran grandiosos, y la idea de cumplirlos me mantenía motivado.

Sin embargo, cada vez que perdía, la desesperación crecía. La primera vez que perdí una cantidad significativa, pensé que había sido un accidente. Tal vez no estaba concentrado o simplemente no tenía suerte esa noche. Pero las pérdidas se hicieron más frecuentes, y con cada pérdida, la necesidad de recuperar el dinero se volvió más apremiante. La euforia que sentía al ganar se estaba desvaneciendo, reemplazada por una creciente sensación de ansiedad y estrés.

Recuerdo una noche especialmente dura. ¡Había perdido casi toda la cantidad que había ganado en semanas!

Me sentía atrapado en una espiral descendente. Las luces del casino ya no me parecían tan deslumbrantes; el sonido de las máquinas ya no era tan alegre. Todo parecía pesado, como si el aire estuviera cargado de una energía opresiva. En lugar de sentirme emocionado, me sentía agotado, desorientado.

Decidí que debía hacer algo para recuperar lo perdido, así que empecé a apostar cantidades mayores. Pensé que si podía recuperar lo perdido rápidamente, podría volver a equilibrar las cosas. Pero las apuestas mayores solo trajeron más pérdidas.

La sensación de desesperación y la necesidad de ganar se hicieron más intensas, y el juego dejó de ser divertido.

Lo peor de todo es que empecé a mentir. A mis padres, a mis amigos, a mí mismo. Decía que estaba ocupado con el trabajo o que no podía salir porque tenía proyectos importantes. Pero la verdad era que estaba en el casino, tratando de recuperar lo que había perdido. Mi relación con mis seres queridos comenzó a deteriorarse. Mis hermanos se dieron cuenta de que estaba distante, y mis padres, aunque no entendían exactamente lo que estaba pasando, notaron mi creciente irritabilidad y mi falta de interés en las actividades familiares.

Una noche, después de una serie de pérdidas particularmente dolorosas, decidí que necesitaba un respiro. Salí del casino con la cabeza llena de pensamientos oscuros, y me encontré caminando por las calles de la ciudad, sin rumbo fijo. El aire frío me ayudó a despejar la mente, pero la angustia seguía ahí, apretándome el pecho.

Cuando llegué a casa, me senté en mi habitación y miré el dinero que había ganado y perdido en esas semanas. La ilusión de un futuro brillante se estaba desmoronando. Empecé a cuestionarme si alguna vez podría recuperar el equilibrio. La realidad de que no tenía control sobre el juego me golpeó con fuerza. Cada vez que pensaba en volver, la desesperación crecía.

Esa noche, me di cuenta de que no estaba solo en esto. Sentía que el juego se había convertido en algo más grande que yo, una fuerza que estaba empezando a gobernar mi vida. La euforia inicial se había convertido en una necesidad compulsiva, y el juego ya no era un pasatiempo divertido, sino una trampa de la que no podía escapar.

Mientras escribo esto, mi mente sigue dando vueltas, y un sentimiento de inquietud me embarga. Sé que he cruzado una línea, pero no sé cómo volver atrás. La sensación de estar atrapado es abrumadora, y no estoy seguro de cuánto más puedo soportar. Algo dentro de mí sabe que esto está a punto de empeorar. Y lo peor es que no tengo idea de qué hacer para detenerlo.

Sección de ayuda 2

En este capítulo, exploramos cómo la adicción puede atrapar a una persona en un ciclo de juego compulsivo, a menudo impulsado por emociones y situaciones difíciles. Esta sección de ayuda proporciona estrategias para identificar los desencadenantes emocionales, crear una red de apoyo, y utilizar herramientas y técnicas que faciliten la recuperación.

Tip 1: Identifica los desencadenantes emocionales que te llevan a jugar

Conocer los desencadenantes emocionales que te impulsan a jugar es crucial para romper el ciclo de la adicción. Aquí te presento algunos ejemplos comunes y lo que puedes hacer al identificarlos:

Estrés laboral o académico:

✓ Ejemplo: Sentir una fuerte presión en el trabajo o los estudios y recurrir al juego como forma de escape.

✓ Acción: Practica técnicas de relajación, como ejercicios de respiración profunda o meditación, para aliviar el estrés en lugar de recurrir al juego.

Soledad o aislamiento social:

✓ Ejemplo: Sentir soledad y buscar en el juego una forma de llenar el vacío emocional.

✓ Acción: Mantén el contacto con amigos o familiares, y busca actividades sociales saludables, como unirte a un club o grupo de interés.

Aburrimiento o falta de estímulo:

✓ Ejemplo: Sentir aburrimiento y recurrir al juego como una forma rápida de entretenimiento.

✓ Acción: Planifica actividades que disfrutes, como practicar deportes, aprender algo nuevo, o dedicar tiempo a un hobby.

Problemas en relaciones personales:

✓ Ejemplo: Tener conflictos con la pareja, amigos o familiares, y usar el juego para evitar enfrentarlos.

✓ Acción: Busca resolver los conflictos a través de la comunicación abierta y honesta, y considera la posibilidad de acudir a un terapeuta de pareja o familiar.

Sentimientos de fracaso o inutilidad:

✓ Ejemplo: Sentir que no eres lo suficientemente bueno y usar el juego como una forma de validación.

✓ Acción: Desarrolla una rutina de afirmaciones positivas y trabaja en tu autoestima con la ayuda de un terapeuta o coach.

Técnica: "Mindfulness" - Ejercicio de respiración para manejar la ansiedad

La práctica de la atención plena o "mindfulness" puede ser una herramienta poderosa para manejar la ansiedad relacionada con el juego. Aquí tienes tres ejercicios de respiración que puedes practicar:

1. Respiración profunda de 4-7-8:
   - cómo hacerlo: Inhala contando hasta 4, mantén la respiración contando hasta 7, y exhala contando hasta 8. Repite este ciclo 3 a 5 veces.
   - Beneficio: Calma el sistema nervioso y reduce el impulso de actuar impulsivamente.
2. Respiración diafragmática:
   - Cómo hacerlo: Coloca una mano en el pecho y otra en el abdomen. Inhala profundamente por la nariz, asegurándote de que tu abdomen se expanda más que tu pecho. Exhala lentamente por la boca.
   - Beneficio: Alivia la ansiedad al enfocar la mente en el acto de respirar.
3. Escaneo corporal con respiración consciente:
   - Cómo hacerlo: Mientras inhalas, enfócate en una parte específica de tu cuerpo (pies, piernas, brazos, etc.) y siente cualquier tensión o relajación que exista en esa zona. Exhala lentamente mientras dejas ir cualquier tensión que sientas.
   - Beneficio: Ayuda a conectar mente y cuerpo, creando

un estado de conciencia plena que puede reducir el deseo de jugar.

3. El Fondo: La Ruina Total

Han pasado diez años desde aquella primera noche en el casino, y no hay duda de que he recorrido un camino muy diferente al que imaginé cuando era joven. En ese entonces, pensaba que el juego era solo una forma de ganar dinero extra, una manera emocionante de mejorar mi vida. Pero lo que comenzó como una curiosidad inocente se convirtió en una adicción que desmoronó todo lo que había construido.

Al principio, los juegos de mesa como el blackjack eran mi principal atracción. La sensación de estrategia y habilidad me fascinaba. Pero con el tiempo, me encontré explorando otros juegos. Las máquinas tragamonedas me atraparon con su promesa de recompensas rápidas y grandes. Y luego, los juegos en línea ofrecieron una forma de apostar en la comodidad de mi hogar, sin tener que enfrentarme a las miradas de otros.

Durante los primeros años, logré mantener una apariencia de normalidad. Terminé mis estudios de ingeniería con éxito, conseguí trabajos que, aunque no eran ideales, me ayudaban a pagar las cuentas. Por temporadas, lograba mantenerme alejado de las apuestas. Me decía a mí mismo que podía controlar el impulso, que solo necesitaba un descanso y que luego todo volvería a la normalidad. Pero esos momentos de control eran efímeros.

A medida que el tiempo pasaba, la necesidad de apostar creció. Las pérdidas comenzaron a acumularse y, cuando ya no podía cubrirlas con mi propio dinero, empecé a pedir dinero prestado.

EL JUEGO FINAL: CÓMO ESCAPÉ DE LA RUINA Y ENCONTRÉ LA FELICIDAD

Al principio, era solo para cubrir una pérdida aquí y allá, pero pronto se convirtió en una práctica constante. Pedía prestado a amigos, a familiares, a cualquier persona que pudiera ayudarme a mantener la ilusión de que todo estaba bajo control. Les mentía sobre mis motivos, sobre mis problemas. Les decía que estaba atravesando un mal momento económico o que necesitaba el dinero para un proyecto importante.

La verdad era que la adicción me había atrapado en una espiral descendente. Perder dinero se convirtió en un ciclo interminable: apostaba para recuperar lo perdido, solo para perder aún más.

Mi situación financiera se volvió desesperada. Perdí varios trabajos debido a mi falta de concentración y mi creciente necesidad de apostar. La promesa de un futuro brillante que había imaginado cuando era joven se desmoronó rápidamente, reemplazada por una realidad de deuda y desesperación.

Mi familia y amigos empezaron a notar que algo no estaba bien. Con el pasar de los años mi comportamiento se volvió errático: empecé a faltar a reuniones familiares y a evitar a mis amigos. Los pequeños detalles de mi vida cotidiana se convirtieron en excusas para ocultar mi verdadera situación. Las preguntas de preocupación se convirtieron en discusiones y, finalmente, en un vacío de incomprensión. Todos se preguntaban qué estaba pasando, pero yo mantenía el secreto bien guardado. No quería que nadie supiera la verdad.

¡Sentía mucha vergüenza y remordimiento! ¡Sentía que les fallaba a todos, y a mi mismo!

Las deudas crecieron hasta un punto en el que ya no podía hacer frente a las llamadas diarias de los acreedores. Las amenazas de acciones legales y las constantes exigencias de pago se convirtieron en un ruido de fondo constante. La presión era abrumadora, y mi mundo se empezó a desmoronar. Cada vez que pensaba que podría encontrar una salida, me daba cuenta de que había cavado un agujero más profundo.

Fue en ese punto más oscuro cuando empecé a considerar lo impensable. La desesperación y el sentimiento de fracaso me llevaron al borde. Me sentía atrapado, sin salida, y el pensamiento de acabar con todo parecía ser una solución a mi sufrimiento.

Pensé en el dolor que causaría a mis seres queridos, en el legado de fracaso y desilusión que dejaría atrás. Era una batalla constante entre el deseo de terminar con el dolor y la esperanza de encontrar una solución.

Así que con los últimos billetes que me quedaban, prestados obviamente, decidí ir a probar suerte, por última vez, porque si recuperaba algo de lo perdido continuaría con mi vida, y si no, ya lo había decidido iba a terminar con este sufrimiento, acabar conmigo mismo.

Esa noche, llegué al casino con una mezcla de desesperación y resignación. Sabía que no tenía más dinero, pero el impulso de jugar era más fuerte que cualquier lógica. Las luces del casino ya no me parecían tan deslumbrantes; el sonido de las máquinas ya no era tan alegre. Todo parecía pesado, como si el aire estuviera cargado de una energía opresiva. Me sentía completamente derrotado, con la cabeza agachada y las manos temblorosas.

Me decidí, aposté en una máquina esa última cantidad de dinero. El juego comienza. Mi rostro estaba desencajado, el corazón me latía al mil. Los números iban para abajo. Aún conservaba una esperanza, una pequeña corazonada, pero no... Pasaron treinta minutos y había perdido todo, una vez más. ¡Pero ahora sí era todo, no había más!

Salí del casino. No podía con la culpa, la ansiedad, el estrés.

Decidí ir a un parque, no tenía ganas de llegar a casa, no podía llegar con la culpa que sentía. Me senté en una banca, encendí el último cigarro que tenía, y hasta ese momento pensaba, el último que voy a fumar.

Mientras pensaba cómo iba a hacer para que mis padres, mis abuelos, mis hermanos, comprendiera lo que había pasado, y que no sintieran culpa cuando se enteraran de mi partida, comencé a llorar,

EL JUEGO FINAL: CÓMO ESCAPÉ DE LA RUINA Y ENCONTRÉ LA FELICIDAD

un llano contenido, pero seguro que llamé la atención de algunos transeúntes, porque en ese momento, una figura apareció en el umbral de los árboles. Era un hombre de mediana edad con una presencia calmada, y llevaba una chaqueta de cuero que le daba un aire de autoridad. Un pequeño rayo de esperanza apareció en mi vida. Fue una combinación de circunstancias, un encuentro inesperado con alguien que entendía mi lucha y que me ofreció ayuda. Me miró con una mezcla de sorpresa y preocupación, se acercó lentamente a la banca donde estaba ideando mi plan, cuando escuché su voz.

—Hola, ¿estás bien? —preguntó el hombre con tono serio.

No lo conocía, pero había algo en su voz que me hizo sentir que podía confiar en él, aunque solo fuera un poco, lo miré y respondí:

—No, no estoy bien —respondí, con la voz rota. —He perdido todo. Todo lo que tenía.

El hombre se presentó como Javier, un antiguo jugador profesional de póker que había luchado contra la adicción durante años. Me contó cómo había pasado por una experiencia similar y cómo había encontrado la ayuda que necesitaba para superar su problema.

—Sé cómo te sientes —dijo Javier con una empatía sincera—. He estado allí. Lo que estás pasando no es fácil, pero hay ayuda disponible. No tienes que enfrentarlo solo.

Me sentí incómodo, pero a la vez, desesperado. La oferta de ayuda de Javier parecía ser mi única salida. A pesar de mis reservas, acepté su invitación para hablar. Fue un paso pequeño, pero significativo.

Fue a una cafetería que quedaba cerca, compró dos americanos, y en menos de 5 minutos estábamos charlando, tomando café y yo mucho más tranquilo. Le conté todos mis últimos 10 años, las ilusiones que tenía por vivir, mi adicción y todos los problemas que me había traído.

Este tipo de coincidencias no ocurren dos veces en la vida, ahí comencé a creer en que hay un poder superior que nos cuida y nos manda la verdadera ayuda, cuando estamos en los momentos más frágiles.

Me llevó a un grupo de apoyo esa misma noche, donde conocí a otras personas que estaban luchando con problemas similares.

Esa noche, mientras salía del grupo con Javier, sentí una mezcla de alivio y confusión. Sabía que no podía resolver todo de inmediato, pero había algo en la conversación y en el encuentro con Javier que me hizo sentir que había una esperanza, por pequeña que fuera.

Esa ayuda fue el primer paso hacia la recuperación. Empecé a asistir a sesiones de terapia, a hablar abiertamente sobre mi adicción y a buscar formas de reparar el daño que había causado. Aprendí a enfrentar mis problemas en lugar de esconderme de ellos. La lucha no fue fácil, pero poco a poco empecé a recuperar el control de mi vida.

Hoy, mientras escribo estas palabras, me doy cuenta de lo lejos que he llegado. Aunque el camino hacia la recuperación aún es largo y lleno de desafíos, me siento agradecido por haber encontrado la fuerza para buscar ayuda y empezar a reconstruir mi vida. Mi historia no termina aquí, pero mi esperanza es que compartir mi experiencia pueda ayudar a otros a reconocer los signos de una adicción y buscar la ayuda que necesitan antes de tocar fondo.

Sección de Ayuda 3

Este capítulo se centra en el momento más crítico de la adicción, cuando todo parece perdido y la desesperación puede llevar a la sensación de que no hay salida. Sin embargo, es precisamente en estos momentos de crisis cuando se puede encontrar el punto de inflexión hacia una vida mejor. Esta sección de ayuda ofrece orientación sobre cómo buscar ayuda profesional, reconocer que tocar fondo puede ser una oportunidad para empezar de nuevo, y proporciona herramientas y técnicas para gestionar situaciones de alto riesgo.

Tip 1: Busca ayuda profesional si sientes que has perdido el control

Reconocer que necesitas ayuda es un paso valiente y esencial en tu proceso de recuperación. Aquí te explicamos cómo y dónde buscar ayuda:

- **¿Dónde buscar ayuda?**

✓ Centros de tratamiento de adicciones: Existen clínicas especializadas en el tratamiento de la ludopatía. Puedes buscar en tu localidad o en instituciones de renombre a nivel nacional e internacional.

✓ Hospitales y centros de salud mental: Muchos hospitales tienen departamentos de psiquiatría o salud mental que ofrecen tratamiento para adicciones.

✓ Organizaciones de apoyo: Grupos como Jugadores Anónimos, ONGs especializadas en adicciones, o fundaciones pueden ofrecer recursos gratuitos o de bajo costo.

- **¿Cómo pedir ayuda?**

✓ Da el primer paso: Acude a tu médico de cabecera o un psicólogo de confianza y exprésales tu preocupación. Ellos pueden orientarte hacia un especialista en adicciones.

✓ Haz una llamada o escribe un correo: No es necesario que te presentes físicamente en un lugar para pedir ayuda. Puedes comenzar con una llamada telefónica o un correo electrónico a un centro de tratamiento.

✓ Pide a un amigo o familiar que te acompañe: Si te sientes incómodo, pide a alguien de confianza que te acompañe en tu primer encuentro con un profesional.

- **¿Quiénes son los profesionales de la salud que te pueden ayudar?**

✓ Psicólogos especializados en adicciones: Ayudan a entender los patrones de pensamiento y comportamiento que sustentan la adicción.

✓ Psiquiatras: Médicos especializados en salud mental que pueden diagnosticar y tratar trastornos asociados, como la depresión o la ansiedad, que a menudo coexisten con la ludopatía.

✓ Terapeutas de rehabilitación: Profesionales que trabajan en centros de tratamiento y ayudan a desarrollar habilidades para enfrentar la adicción.

✓ Consejeros en adicciones: Especialistas que proporcionan orientación práctica y emocional para superar el juego compulsivo.

- **¿Qué pasa si me da pena buscar ayuda?**

Es natural sentir vergüenza o miedo al pedir ayuda, pero recuerda que la adicción es una enfermedad, no una elección moral. Los profesionales están ahí para ayudarte sin juzgarte.

Piensa en pedir ayuda como un acto de valentía y amor propio. Si te da pena hablar en persona, intenta primero enviar un mensaje o un correo electrónico.

26

Tip 2: Reconoce que tocar fondo puede ser el comienzo de una nueva vida

Tocar fondo puede sentirse como el final, pero también puede ser el catalizador para un cambio profundo y positivo. Reconocer este momento de crisis como una oportunidad para reconstruir tu vida es clave:

- Acepta tu situación: Entender que has llegado a un punto bajo es el primer paso para aceptar la necesidad de cambio.
- Visualiza tu futuro: Imagina cómo sería tu vida sin la carga de la adicción. ¿Qué te gustaría lograr? ¿Cómo te gustaría sentirte? Usa esta visión como motivación.
- Rodéate de apoyo: Habla con personas que te entienden y te apoyan en tu proceso de recuperación. Permítete ser vulnerable y recibir ayuda.

Tip 3: Crea una red de apoyo

Tener una red de apoyo puede ser un pilar fundamental en la recuperación. Involucra a personas de confianza que te ayuden a mantenerte en el camino correcto:

- Amigos y familiares: Habla abiertamente con aquellos en quienes confías sobre tu situación, pide su apoyo y comprensión.
- Grupos de apoyo: Únete a grupos como Jugadores Anónimos, donde puedes compartir experiencias con otros que enfrentan desafíos similares.
- Profesionales de salud mental: Considera acudir a un terapeuta especializado en adicciones para obtener orientación profesional.

4. El Punto de Inflexión: Decidir Cambiar

La noche en que Javier me llevó al grupo de apoyo fue un momento decisivo en mi vida. El grupo se reunía en una sala sencilla, con sillas dispuestas en círculo. Había una atmósfera de calma y respeto que contrastaba con el caos que había vivido en los últimos años. Cuando entramos, me sentí abrumado, pero también aliviado de estar allí. El simple hecho de no estar solo en esta batalla me ofreció un pequeño consuelo.

Javier se dirigió a uno de los coordinadores del grupo y luego volvió a mi lado. —Aquí es donde empezamos —dijo, con una sonrisa alentadora—. Este grupo te dará el apoyo que necesitas para enfrentar lo que estás pasando.

La primera sesión fue intensa. Nos pidieron que nos presentáramos y compartiéramos nuestras historias. Cuando llegó mi turno, sentí un nudo en la garganta. Me temblaban las manos mientras hablaba, pero las palabras salieron de mi boca como una especie de liberación. Hablé de mi adicción, de cómo había perdido el control, y de la desesperación que había sentido.

—Me siento como si hubiera estado en una oscuridad interminable —dije, con la voz quebrada—. No sabía a quién acudir. Pensé que estaba solo.

Una mujer de mediana edad, que parecía ser una de las facilitadoras del grupo, me miró con comprensión. —La ludopatía es una enfermedad —dijo, con un tono tranquilizador—. Es una adicción que afecta tu mente y tu comportamiento. No estás solo en esto. Hay formas de manejarlo y de empezar a sanar.

Ese momento fue crucial. A medida que las personas compartían sus historias y ofrecían apoyo, empecé a sentirme menos aislado. Me di cuenta de que había un camino hacia la recuperación, y que podía tomar ese camino si estaba dispuesto a enfrentar mis problemas de frente. La idea de que había una salida me dio una chispa de esperanza.

Al día siguiente, decidí que era momento de hablar con mis amigos más cercanos. Laura, en particular, había sido una amiga constante a lo largo de los años. La encontré en una cafetería local, y le pedí que me escuchara. Cuando le conté sobre mi adicción, sus ojos mostraron una mezcla de tristeza y preocupación.

—No puedo creer que hayas pasado por todo esto —dijo Laura, con la voz temblando—. Pero estoy aquí para ti. Voy a ayudarte a encontrar la ayuda que necesitas.

Laura me recomendó a una psicóloga especializada en adicciones. Aunque me sentía aliviado por la recomendación, la realidad de no tener dinero para pagar las sesiones me abrumaba. Laura, con una generosidad que me conmovió profundamente, se ofreció a hacer la cita por mí.

—No te preocupes por el costo —dijo Laura, con determinación—. Me encargaré de eso. Lo importante es que comiences a recibir la ayuda que necesitas.

Fue un gesto que me mostró cuán afortunado era de tener a Laura en mi vida. A través de ella, conocí a la psicóloga, quien me brindó el primer paso hacia la recuperación. Sus sesiones fueron un refugio y un lugar donde podía explorar mis sentimientos sin miedo al juicio.

No solo Laura me apoyó. Empecé a construir una red de apoyo que incluía a algunos amigos y familiares. Decidí que era el momento de ser completamente honesto con mi familia. Reuní a mis padres, a mis hermanos y a mis abuelos en casa, y les conté la verdad sobre mi enfermedad, ahora también la puedo llamar así, y las dificultades que había enfrentado.

—Siento mucho no haber sido honesto con ustedes —dije, con lágrimas en los ojos—. He estado luchando con una adicción al juego y he perdido mucho. No sabía cómo decírselo, pero necesitaba que supieran la verdad.

Mi madre me tomó de la mano, sus ojos llenos de lágrimas. —Estamos aquí para ti, hijo —dijo con voz temblorosa—. No importa lo que hayas hecho, lo importante es que estás buscando ayuda. Vamos a superar esto juntos.

Mi padre asintió, con una expresión seria pero llena de apoyo. —Vamos a ayudarte a salir de esta —dijo—. Si necesitas algo, no dudes en pedirlo.

Mis hermanos también expresaron su apoyo incondicional. Aunque al principio hubo una mezcla de sorpresa y tristeza, mi familia se unió para ofrecerme la fuerza que necesitaba para enfrentar la enfermedad.

La luz comenzó a brillar nuevamente en mi vida. Las reuniones del grupo de apoyo y las sesiones con la psicóloga me ayudaron a entender la profundidad de mi enfermedad y a desarrollar estrategias para controlarla. Aunque el proceso de recuperación era desafiante, la sensación de tener un equipo de apoyo a mi lado me dio la determinación para seguir adelante.

Mientras escribo estas palabras, me doy cuenta de que he dado el primer paso hacia una vida mejor. Aunque el camino hacia la recuperación sigue siendo largo y lleno de desafíos, la esperanza de sanar y reconstruir mi vida me motiva cada día. Mi historia está lejos de terminar, pero he comenzado a tomar el control y a avanzar hacia un futuro en el que la adicción ya no define quién soy.

Sección de Ayuda 4: El Punto de Inflexión

Este capítulo explora el momento crucial en el que decides enfrentar la adicción y tomar medidas concretas para cambiar tu vida. En este proceso, aceptar que necesitas ayuda, ser honesto contigo mismo y con los demás, y buscar apoyo en la comunidad son pasos esenciales. Esta sección de

Tip 1: Comprométete a ser honesto contigo mismo y con otros sobre tu situación

La honestidad es fundamental en tu proceso de recuperación. Ser sincero contigo mismo y con quienes te rodean te permitirá recibir la ayuda adecuada y construir relaciones basadas en la confianza:

- Sé claro sobre tu situación: Reconoce tus sentimientos, tus comportamientos, y los daños que la adicción ha causado en tu vida y en la de los demás.
- Comparte tu historia: Habla con personas de confianza, como amigos, familiares o miembros de grupos de apoyo, sobre lo que estás pasando. Ser transparente te permitirá liberar el peso de los secretos y obtener el apoyo emocional que necesitas.
- Reflexiona con regularidad: Mantén un hábito de reflexión diaria o semanal donde evalúes tus pensamientos, emociones y acciones. Esta práctica te ayudará a mantenerte consciente y comprometido con tu recuperación.

Técnica: "Diario de agradecimiento" (ejercicio para enfocarte en aspectos positivos)

El uso de un diario de agradecimiento puede ayudarte a cambiar tu enfoque mental, moviéndote de la desesperanza a la gratitud. Este ejercicio te permitirá recordar y valorar las cosas buenas que ya existen en tu vida, ayudándote a mantener una actitud positiva durante tu recuperación.

1. Dedica tiempo diario o semanal: Reserva unos minutos cada día o semana para escribir en tu diario. Hazlo en un momento tranquilo donde puedas reflexionar sin interrupciones.

2. Escribe tres cosas por las que estás agradecido:
   - Ejemplo 1: "Estoy agradecido por el apoyo de mi amigo Javier, quien me ha acompañado en las reuniones de grupo."
   - Ejemplo 2: "Agradezco la oportunidad de empezar un nuevo día con la intención de mejorar."
   - Ejemplo 3: "Me siento agradecido por tener la fuerza interior para enfrentar esta adicción y tomar medidas hacia mi recuperación."

3. Reflexiona sobre cada agradecimiento:
   - Piensa en por qué cada punto te hace sentir agradecido. Por ejemplo, ¿cómo te hace sentir el apoyo de tu amigo? ¿Cómo ha cambiado tu perspectiva el hecho de comenzar un nuevo día?

¿Qué representa para ti el tener fuerza interior?

4. Incluye detalles positivos y momentos de superación: Anota cualquier logro, por pequeño que sea, o cualquier cambio positivo en tus pensamientos o sentimientos.

5. Relee tu diario con frecuencia: Usa tu diario como una herramienta de motivación. Cada vez que te sientas desanimado, relee las entradas para recordar las razones por las que estás agradecido y para celebrar tus avances.

5. Renacer: Redefiniendo la Vida sin el Juego

Después de tocar fondo y empezar a buscar ayuda, el camino hacia la recuperación fue una mezcla de pequeños logros y avances significativos. Cada paso, aunque parecía pequeño en el momento, contribuyó a un cambio profundo y duradero en mi vida.

Primeros logros y pequeños avances

Los primeros días después de unirme al grupo de apoyo y comenzar la terapia fueron un torbellino de emociones. El proceso de cambio personal era abrumador, pero también gratificante. Recuerdo claramente el primer logro pequeño que me dio una sensación de esperanza: abstenerme de ir al casino durante una semana entera, la semana en que comencé a abrirme con mi familia y amigos cercanos. Fue un desafío monumental, pero sentí un alivio y una victoria personal que me animaron a seguir adelante. Cada día sin apostar me ayudaba a reafirmar mi decisión de cambiar.

Además, empecé a desarrollar nuevas rutinas que me ayudaban a mantenerme enfocado y positivo. Comencé a hacer ejercicio regularmente, algo que nunca había considerado antes de mi recuperación. El ejercicio no solo mejoró mi estado físico, sino que también elevó mi ánimo. Recuerdo la primera vez que completé una carrera de 5 kilómetros. El sentimiento de logro y la claridad mental que experimenté después de la carrera fueron invaluables. Me sentí más fuerte y más capaz de enfrentar los desafíos de la vida.

Prácticas de bienestar y nuevas pasiones

La terapia se convirtió en una parte crucial de mi vida. Empecé a asistir a sesiones semanales con la psicóloga recomendada por Laura.

Recuerdo mi primera sesión de terapia con una mezcla de temor y desconfianza. Me preocupaba ser juzgado, que me tacharan de "loco" o, peor aún, que nada de esto funcionara. Entré al consultorio sintiéndome vulnerable, con una sensación de peso en el pecho que hacía difícil respirar. Pero, afortunadamente, la terapeuta me recibió con una calidez que no esperaba. Desde el primer momento, fue objetiva y asertiva, y, al mismo tiempo, me hizo sentir en confianza. No había juicios, solo comprensión y un espacio seguro donde podía hablar de mis miedos y frustraciones sin temor a ser criticado. Poco a poco, gracias a su enfoque empático, comencé a abrirme más, a entender mejor mi situación y a dar los primeros pasos hacia mi recuperación.

Con el tiempo, la terapia se volvió un lugar de aprendizaje y evolución, no solo para mí, sino también para mi familia. La terapeuta sugirió sesiones familiares, donde mis padres y hermanos pudieron expresarse, comprender la naturaleza de mi problema, y recibir orientación sobre cómo acompañarme en este proceso. Esto ayudó a que todos se sintieran seguros y apoyados, sabiendo que estábamos enfrentando esta batalla juntos, con las herramientas necesarias para superar cada desafío. Sentir que mi familia también estaba siendo atendida y guiada de manera profesional fue un alivio inmenso, y nos fortaleció como equipo en esta nueva etapa de nuestras vidas.

EL JUEGO FINAL: CÓMO ESCAPÉ DE LA RUINA Y ENCONTRÉ LA FELICIDAD

A través de la terapia, aprendí a identificar y manejar los desencadenantes de mi adicción. Implementé prácticas de bienestar, como la meditación y la escritura de un diario, que me ayudaron a procesar mis pensamientos y emociones de manera más saludable. Un ejemplo específico de cómo la meditación me beneficiaba fue la sensación de calma que experimentaba después de una sesión, que me ayudaba a mantenerme centrado durante el día.

Además de las prácticas de bienestar, empecé a explorar nuevas pasiones y hobbies. Redescubrí mi amor por la música, que había quedado en el olvido durante años. Comencé a tocar la guitarra, algo que me proporcionaba un escape positivo y creativo. En mis sesiones de práctica, sentía una conexión profunda con mi creatividad que me ayudaba a mantenerme enfocado y motivado. La música se convirtió en una fuente constante de alegría y expresión personal.

Reconstrucción de relaciones dañadas

Uno de los aspectos más difíciles de mi recuperación fue la reconstrucción de relaciones dañadas. Dos amigos en particular, Marco y Diego, habían sido afectados por mi adicción. Marco había sido uno de los primeros en notar que algo estaba mal y, aunque al principio se distanció, fue fundamental para mi proceso de recuperación.

Decidí enfrentar a Marco y pedirle disculpas. Lo encontré en un café, y nos sentamos a hablar.

—Marco, sé que te he fallado —dije, con sinceridad—. Mi adicción me llevó a comportarme de manera que no refleja quién soy realmente. Estoy trabajando en mejorarme y en ser una mejor persona. Y ten por seguro que te pagaré el dinero que me prestaste, en un momento de desesperación mía.

Marco me miró con una mezcla de sorpresa y comprensión. —Aprecio que te acerques y que quieras enmendar las cosas —dijo—. Todos cometemos errores, pero lo importante es aprender de ellos. Estoy aquí para apoyarte en tu recuperación.

Esta conversación fue un primer paso hacia la reconstrucción de nuestra amistad. Aunque no fue fácil, Marco y yo comenzamos a recuperar la confianza y a fortalecer nuestra relación. Y aunque tardó un tiempo, 1 año para ser exactos, armamos un plan de pagos con el cual le fui abonando semanalmente pequeñas cantidades hasta cubrir el dinero que me había prestado.

Con Diego, la conversación fue igualmente importante. Había evitado hablar con él durante mucho tiempo, pero finalmente decidí enfrentar la verdad.

—Diego, sé que te he herido —dije, mientras nos reuníamos en un parque, pues él tuvo problemas familiares fuertes y necesitó de mi apoyo, me lo pidió, pero yo no se lo brindé por estar metido en el casino—. Mi comportamiento ha sido inaceptable, y estoy trabajando en cambiar. Espero que puedas entender que estoy comprometido a mejorar.

Diego asintió lentamente. —Te respeto por venir y hablar conmigo. La adicción es complicada, pero ver que estás buscando ayuda es un buen signo. Si realmente estás dispuesto a cambiar, entonces estoy dispuesto a darte una segunda oportunidad.

Estas conversaciones fueron fundamentales para reconstruir mi autoestima. Aunque no todas las relaciones se repararon de inmediato, el proceso de enfrentar mis errores y trabajar en mi recuperación me ayudó a sentirme más seguro y a reconstruir mi autoimagen.

Recuperación de la autoestima

A medida que avanzaba en mi recuperación, empecé a notar una mejora en mi autoestima. Los pequeños logros, como mantenerme libre de apuestas durante semanas y establecer nuevas rutinas saludables, contribuyeron a una mayor confianza en mí mismo. La música, el ejercicio y la terapia me ayudaron a redescubrir mi valor y a sentirme mejor conmigo mismo.

Mirando hacia atrás, veo cómo cada paso en el proceso de recuperación ha sido una pieza clave en la reconstrucción de mi vida. A pesar de los desafíos y los obstáculos, el renacer sin el juego ha sido una experiencia transformadora. He aprendido a enfrentar mis problemas de manera más saludable y a valorar las cosas importantes en la vida.

Recuperación de mi libertad financiera

Con el tiempo, no solo logré avances emocionales y espirituales, sino que también encontré una oportunidad laboral que me permitió cambiar de aires. Conseguí un empleo en una pequeña empresa que valoraba mis habilidades y me ofrecía estabilidad, algo que no había tenido en mucho tiempo. Este nuevo trabajo me brindó la posibilidad de comenzar a pagar mis deudas, aunque el camino no fue sencillo. Junto con mi red de apoyo, elaboramos un plan de pagos realista, llamado "bola de nieve", y comencé a explorar fuentes alternativas de ingresos: vendí productos artesanales en línea, incluso abrí un pequeño negocio de comidas caseras los fines de semana. Aunque al principio todo era incierto y lleno de desafíos, poco a poco fui sintiendo la satisfacción de recuperar mi libertad financiera. Cada deuda saldada me hacía sentir más libre y más en control de mi vida, demostrando que, con esfuerzo y apoyo, es posible superar incluso los momentos más oscuros.

Mientras escribo estas palabras, me doy cuenta de que, aunque el camino hacia la recuperación sigue siendo un trabajo en progreso, he comenzado a encontrar mi equilibrio nuevamente. Mi vida está llena de nuevas oportunidades y relaciones significativas, y el futuro se siente más brillante que nunca. La recuperación es un viaje continuo, pero cada día me acerca más a la vida que siempre he querido vivir.

Sección de Ayuda 5. Renacer

Este capítulo trata sobre cómo reconstruir tu vida después de superar la adicción, encontrando nuevas formas de llenar tu tiempo y tu mente con actividades que fomenten el bienestar, el crecimiento personal y la felicidad sostenida. La clave para el renacimiento es reemplazar los hábitos destructivos con prácticas saludables y productivas, aprender a disfrutar del proceso de reconstrucción personal, y utilizar herramientas y técnicas para visualizar y alcanzar un futuro mejor.

Tip 1: Sustituye el tiempo de juego por actividades productivas y saludables

Encontrar nuevas actividades que reemplacen el tiempo que antes dedicabas al juego es crucial para mantenerte en el camino de la recuperación. Aquí te damos cinco ejemplos de actividades que pueden ayudarte:

1. Deporte y ejercicio físico: Inscríbete en un gimnasio, participa en clases de yoga, o simplemente sal a correr al aire libre. La actividad física libera endorfinas, mejora tu estado de ánimo y reduce el estrés.

2. Lectura o club de lectura: Sumérgete en el mundo de los libros o únete a un club de lectura local. Esto no solo te mantendrá ocupado, sino que también enriquecerá tu mente y ampliará tu perspectiva.

3. Voluntariado: Dedica tu tiempo a ayudar a otros. Participar en actividades comunitarias o en organizaciones de caridad te brindará un propósito significativo y un sentido de conexión.

4. Cursos y talleres de desarrollo personal: Inscribirte en talleres de habilidades como cocina, pintura, música, o jardinería puede ayudarte a descubrir nuevas pasiones y talentos.

5. Meditación y prácticas de mindfulness: Dedica tiempo diario a la meditación, la respiración profunda o la práctica de mindfulness. Estas actividades reducen la ansiedad y ayudan a mantenerte presente y enfocado.

Tip 2: Aprende a disfrutar del proceso de reconstrucción personal

El camino hacia una nueva vida sin adicción no es solo el destino final; es también un proceso lleno de descubrimientos y crecimiento. Aquí te damos cinco formas de disfrutar este proceso:

1. Celebra los pequeños logros: Reconoce y celebra cada paso positivo, por pequeño que sea. Desde resistir la tentación de jugar hasta completar un curso o taller, cada logro es importante.

2. Establece metas personales realistas: Define metas que sean alcanzables y que te entusiasmen. Disfruta del viaje de ir alcanzándolas paso a paso.

3. Comparte tu proceso con otros: Hablar de tu progreso con amigos, familiares o en grupos de apoyo te permitirá recibir feedback positivo y sentirte acompañado.

4. Escribe sobre tu experiencia: Llevar un diario o escribir sobre tu proceso de recuperación puede ser una forma terapéutica de reflexionar sobre tu camino y ver cómo has crecido.

5. Encuentra alegría en las actividades diarias: Busca maneras de encontrar placer y gratitud en las actividades cotidianas, desde disfrutar de una comida casera hasta apreciar una caminata al aire libre.

Técnica: "Visualización positiva" - Cómo imaginar y trabajar hacia un futuro mejor

La visualización positiva es una técnica poderosa que te permite imaginar y proyectar un futuro lleno de bienestar y logros, lo que te motiva a trabajar hacia esos objetivos. Aquí te explico cómo hacerlo:

1. Encuentra un espacio tranquilo: Busca un lugar donde te sientas cómodo y sin distracciones.
2. Respira profundamente: Antes de comenzar, realiza algunas respiraciones profundas para relajarte y concentrarte.
3. Imagina tu futuro ideal: Cierra los ojos e imagina cómo sería tu vida sin adicción, visualiza en detalle cómo te sientes, qué estás haciendo, quién te rodea, y cuáles son tus logros.
4. Utiliza recursos adicionales: Puedes usar música relajante, grabaciones guiadas de visualización o incluso un diario para escribir tus pensamientos y visiones.
5. Hazlo regularmente: Dedica de 5 a 10 minutos al día a esta práctica, preferiblemente al despertar o antes de dormir.

6. Construyendo una Nueva Realidad: La Felicidad Sostenible

Ahora, mirando hacia atrás, me doy cuenta de que todo este proceso no fue solo sobre dejar de jugar. Fue sobre reconstruir mi vida desde sus cimientos, redefinir lo que significaba ser feliz, y encontrar un propósito más profundo que nunca antes había sentido. Aprendí que la felicidad no es un destino final, sino un camino constante, uno que implica tomar decisiones conscientes cada día para mantenerme fiel a mis valores y a mi bienestar.

Lecciones aprendidas y transformación personal

Una de las lecciones más poderosas que aprendí fue la importancia de la gratitud. Al principio, fue difícil sentirme agradecido cuando parecía que todo a mi alrededor se desmoronaba. Sin embargo, con el tiempo, comencé a valorar incluso los momentos más pequeños: una conversación sincera con un amigo, un día sin deudas que pagar, una risa compartida con mi familia. Aprendí a ser agradecido por las cosas que antes daba por sentado y a encontrar alegría en los aspectos simples de la vida.

Este cambio de mentalidad también me llevó a desarrollar un sentido renovado de propósito. Ya no se trataba solo de ganar dinero o de alcanzar objetivos superficiales; se trataba de encontrar un equilibrio y de vivir una vida con intención y significado. Me di cuenta de que tenía la capacidad de crear un impacto positivo, no solo en mi vida, sino también en la de los demás. Decidí involucrarme en grupos de apoyo para personas con adicciones, compartiendo mi historia y ayudando a otros a ver que hay luz al final del túnel.

Resiliencia para aceptar pérdidas y fortalecer vínculos

Aceptar que algunas amistades y vínculos se rompieron de manera irreparable fue uno de los aspectos más dolorosos de mi recuperación. Comprender que no todos estarían a mi lado fue una lección dura, pero necesaria.

Al principio, me sentí devastado y culpable, pero con el tiempo, entendí que la verdadera resiliencia no es tratar de mantener todo igual, sino aceptar el cambio y adaptarse a él. Aquellas personas que se distanciaron hicieron lo que sintieron que era mejor para ellas, y eso es algo que también tuve que respetar.

Por otro lado, los vínculos que permanecieron se volvieron más fuertes. Mis padres, mis abuelos, mis hermanos, amigos como Marco y Laura, demostraron una paciencia y un amor incondicional que nunca olvidaré. En lugar de aferrarme a lo que había perdido, me concentré en fortalecer estas relaciones, construyendo confianza a través de la honestidad y la transparencia. Empecé a valorar mucho más las conexiones sinceras, aquellas que no dependían de apariencias, sino de una verdadera comprensión y aceptación mutua.

Mantenerse en el camino de la recuperación y ayudar a otros

Comprendí que la recuperación no es un destino, sino un viaje continuo. Cada día es una oportunidad para reafirmar mi compromiso conmigo mismo. Me di cuenta de que, para mantenerme en el camino, necesitaba seguir trabajando en mi bienestar emocional, físico y espiritual. Continué con mi terapia, seguí asistiendo a reuniones de apoyo, y cultivé hábitos de autocuidado que me ayudaron a mantenerme enfocado.

Además, sentí una profunda responsabilidad de ayudar a otros que atravesaban desafíos similares. Decidí convertirme en mentor para nuevos miembros en el grupo de apoyo, compartiendo mi experiencia y ofreciendo una mano amiga. Me di cuenta de que, al ayudar a otros, también estaba ayudando a fortalecer mi propio compromiso con la recuperación. Escuchar sus historias, sus luchas y sus triunfos me inspiraba a seguir adelante y me recordaba que no estaba solo.

Construyendo una felicidad sostenible

La felicidad que siento hoy no es la felicidad eufórica y pasajera que solía buscar en el juego. Es una felicidad más serena, más profunda, y mucho más sostenible. Aprendí que la vida puede ser impredecible, y que habrá momentos difíciles, pero también descubrí que tengo la fortaleza interna para enfrentar esos momentos con resiliencia y dignidad.

Hoy, soy consciente de mis límites y mis fortalezas. He aprendido a decir no cuando es necesario, a cuidar de mi bienestar antes de cualquier otra cosa, y a valorar cada día como una nueva oportunidad para crecer. No me malinterpreten: hay días difíciles, pero la diferencia es que ahora sé cómo afrontarlos sin recurrir a viejos hábitos destructivos.

He encontrado nuevas pasiones y renovado viejas aficiones. He aprendido a amar la vida sin ataduras, a disfrutar cada momento y a vivir con un sentido de propósito. Mi camino de recuperación sigue, y siempre seguiré aprendiendo, pero por primera vez en mucho tiempo, puedo decir con seguridad que he encontrado una felicidad verdadera, una felicidad que viene de dentro.

Este renacer no solo me salvó la vida, sino que también me dio una nueva perspectiva para disfrutarla plenamente. Hoy, mi felicidad es sostenible porque está construida sobre los cimientos sólidos del amor propio, la gratitud, y el deseo constante de ser una mejor versión de mí mismo. Estoy aquí, y estoy vivo, y por primera vez en mucho tiempo, eso es más que suficiente.

Sección de Ayuda 6. Construyendo una Nueva Realidad

En este capítulo, se explora cómo construir una vida que no solo sea libre de adicciones, sino que también esté llena de satisfacción, propósito y bienestar a largo plazo. Una felicidad sostenible implica crear rutinas que fomenten la salud mental y emocional, aceptar los contratiempos como parte del proceso de crecimiento, y utilizar herramientas y técnicas para mejorar nuestras relaciones y nuestro bienestar diario.

Tip 1: Mantén una rutina diaria que apoye tu recuperación

Establecer y mantener una rutina diaria es esencial para tu recuperación. Una rutina bien estructurada puede proporcionar estabilidad, reducir la ansiedad, y crear un sentido de propósito y logro. Aquí hay cinco ejemplos de cómo hacerlo:

1. Establece horarios consistentes para despertar y dormir: Intenta mantener una rutina de sueño regular que te permita descansar lo suficiente. Dormir bien mejora tu estado de ánimo, concentración, y capacidad para manejar el estrés.

2. Agenda tiempo para el ejercicio diario: Dedica al menos 30 minutos al día para alguna forma de actividad física. Puede ser una caminata, una sesión de yoga, o ejercicios en casa. El ejercicio libera endorfinas y mejora tu bienestar general.

3. Practica la meditación o mindfulness al comenzar el día: Inicia tu mañana con 5-10 minutos de meditación o ejercicios de respiración. Esto te ayudará a centrarte, calmar tu mente y establecer una actitud positiva para el resto del día.

4. Organiza tus tareas en pequeños pasos realistas: Divide tus actividades diarias en tareas más pequeñas y manejables, y prioriza lo más importante. Así evitarás sentirte abrumado y mantendrás un enfoque claro.

5. Incluye tiempo para el autocuidado y actividades que disfrutes: Asegúrate de dedicar un tiempo cada día a hacer algo que realmente disfrutes, ya sea leer, cocinar, escuchar

música, o pasar tiempo con seres queridos.

EL JUEGO FINAL: CÓMO ESCAPÉ DE LA RUINA Y ENCONTRÉ LA FELICIDAD

Tip 2: No Temas a los Contratiempos; Son Parte del Crecimiento

Es normal que durante el proceso de recuperación experimentes momentos difíciles o retrocesos. No los veas como fracasos, sino como oportunidades para aprender y crecer. Aquí algunos consejos:

- Acepta que los contratiempos son normales: Todos enfrentamos obstáculos en el camino de la recuperación; lo importante es cómo respondes a ellos.
- Aprende de cada experiencia: Reflexiona sobre lo que te llevó al contratiempo y utiliza esa información para fortalecer tu plan de recuperación.
- Busca apoyo inmediatamente: Habla con tu red de apoyo, mentor, terapeuta o grupo de recuperación si sientes que estás perdiendo el control. No esperes a estar en una situación de alto riesgo.
- Reajusta tu plan de recuperación: Evalúa si hay algo que necesite ajustarse en tu rutina o tus estrategias de afrontamiento para evitar que suceda nuevamente.
- Sé compasivo contigo mismo: Evita culparte o sentir vergüenza. La recuperación es un proceso y la autocompasión es clave para seguir avanzando.

Ejemplos de actividades de bienestar:

- Lunes: Caminata de 30 minutos por la mañana.

- Martes: Sesión de meditación o respiración profunda.
- Miércoles: Lectura de un libro inspirador o escuchar un podcast.
- Jueves: Llamada o reunión con un amigo cercano.
- Viernes: Tiempo para un hobby (pintura, jardinería, cocinar algo nuevo).
- Fines de semana: Actividades más largas o gratificantes como una caminata en la naturaleza, un día de descanso sin dispositivos electrónicos, o un taller o clase en algo nuevo.

7. Conclusión: Una Nueva Apuesta por la Vida

Mirando hacia atrás, reconozco que aceptar mi enfermedad fue el primer y más difícil paso en mi camino de recuperación. Durante mucho tiempo, me negué a aceptar que era un enfermo de ludopatía. Me decía a mí mismo que podía controlar el juego, que no era para tanto, que solo era una mala racha que podía superar con más dinero y más suerte. Pero la verdad es que la ludopatía no es solo un problema de autocontrol; es una enfermedad, una lucha interna que se arraiga en lo más profundo de nuestro ser, buscando llenar un vacío que nunca puede ser satisfecho de esa manera.

Entender esto fue clave. No soy un fracasado ni un débil por haber caído en esta trampa. La adicción no define quién soy, pero sí me obligó a enfrentarme a mis miedos, mis inseguridades, y mis carencias emocionales. Aceptar que necesitaba ayuda, que no podía solo, fue liberador. Ya no me avergonzaba de mi condición; al contrario, cada día en recuperación era un recordatorio de mi fuerza, de mi capacidad para reconstruirme desde las cenizas.

Mensaje para otros que luchan contra la ludopatía

Si estás leyendo esto y luchas contra la ludopatía o alguna otra adicción, quiero decirte que hay esperanza. Sé que a veces parece imposible salir del hoyo, que el mundo se cierra sobre ti y te sientes completamente solo. Pero créeme, no estás solo. Hay personas dispuestas a ayudarte, a escucharte, a caminar a tu lado en cada paso de tu recuperación. Puede que no sea fácil y que tengas que enfrentar muchas sombras en tu interior, pero también descubrirás una luz que jamás pensaste que tenías.

Encuentra tu red de apoyo, sea familia, amigos, o incluso un grupo de personas que no conoces pero que han pasado por lo mismo que tú. No tengas miedo de buscar ayuda profesional. Existen herramientas, técnicas, y estrategias que te permitirán entenderte mejor y aprender a vivir sin depender de esa adicción que tanto daño te ha causado.

Sé amable contigo mismo en este proceso; no es un camino recto ni perfecto, pero cada paso que das es un triunfo.

Celebración y gratitud

Hoy, después de todo, puedo decir que me siento agradecido. Agradecido por las lecciones aprendidas, por la gente que permaneció a mi lado, y por la oportunidad de vivir de una manera nueva, consciente y plena. El proceso de sanar me ha permitido conocerme más profundamente, valorar más a los que me rodean, y amar la vida con todas sus imperfecciones...

...La risa llena la pequeña sala de estar, mientras miro alrededor y veo las caras de aquellos que me han acompañado en este viaje. Javier, sentado a mi lado, me da una palmada en la espalda y me dice con una sonrisa: "¿Te acuerdas de la vez que te encontré en ese parque? Nunca pensé que terminarías siendo mi mejor amigo".

Mis padres, abuelos, hermanos y amigos cercanos, como Laura, están aquí también, todos reunidos para celebrar mi cumpleaños número 35. Es una fiesta sencilla, pero cargada de significado. Hay comida casera, música suave de fondo y un ambiente de calidez que se siente en el aire.

Mi madre, riéndose, se acerca a mí con un plato de comida en las manos. "No puedo creer que estemos aquí hoy, celebrando esto", dice con los ojos llenos de lágrimas, pero esta vez de alegría. "Nunca imaginé que llegaríamos a este punto después de todo lo que hemos pasado".

Mi hermano "pequeño", ahora ya tiene 30 años, Carlos, bromea: "¿Recuerdan cuando Zahoul dijo que iba a ganar todo de vuelta con su 'gran estrategia' en el blackjack? ¡Vaya genio!". Todos reímos. Ya no es una risa amarga, sino una llena de alivio y felicidad. Incluso yo me uno a la broma. "Sí, bueno, no puedo decir que haya sido la mejor idea de mi vida…".

Laura se acerca con una copa en la mano y me abraza. "Zahoul, has recorrido un camino increíble. Has inspirado a muchos de nosotros, y quiero que sepas lo orgullosa que estoy de ti".

Miro a Javier y a los nuevos amigos que he hecho en el grupo de apoyo. Algunos de ellos también han traído a sus familias, personas que ahora son parte de mi círculo íntimo. Sentados en el sofá, compartiendo anécdotas, se siente como si siempre hubiéramos sido una familia.

Finalmente, levanto mi copa. "A todos ustedes, gracias. Por creer en mí cuando yo no podía. Por darme una segunda, tercera, y cuarta oportunidad. Por no soltarme nunca. Hoy estoy aquí, más fuerte y más feliz, porque cada uno de ustedes me ha ayudado a ver la vida con nuevos ojos."

Javier, siempre con su buen humor, añade: "Y a la nueva apuesta de Zahoul… ¡la apuesta por la vida!" Todos brindamos y reímos.

Esa noche, en medio de risas, historias compartidas y un profundo sentido de comunidad, entiendo que he ganado algo mucho más valioso que cualquier premio en un juego: he ganado una vida nueva, llena de amor, propósito y gratitud. Esta es, sin duda, la mejor apuesta que he hecho en mi vida.

Sección de Ayuda 7. Conclusión

Este capítulo final se centra en el compromiso continuo con el crecimiento personal y en la importancia de compartir tu historia de recuperación para inspirar a otros. La recuperación es un viaje continuo que no termina con la superación de la adicción, sino que abre la puerta a nuevas oportunidades de aprendizaje, servicio, y autorreflexión.

Tip 1: Comparte tu historia para ayudar a otros

Compartir tu historia de recuperación no solo puede ayudar a otros que enfrentan luchas similares, sino que también te ayuda a ti mismo a mantenerte comprometido con tu proceso. Aquí te dejo algunos consejos sobre cómo hacerlo:

- Encuentra un espacio seguro para compartir: Considera compartir tu historia en grupos de apoyo, en tu comunidad, o en eventos locales donde se hable sobre la recuperación de adicciones.
- Sé auténtico y honesto: Habla desde el corazón, compartiendo tanto los desafíos como los logros. La autenticidad es lo que inspira a otros.
- Enfócate en el proceso y no solo en el resultado: Resalta el camino recorrido, las lecciones aprendidas, y las herramientas que utilizaste para superar las dificultades.
- Utiliza diferentes medios para compartir: Escribe en un blog, crea videos, o participa en podcasts donde puedas contar tu experiencia.
- Céntrate en el impacto positivo: Comparte cómo tu vida ha cambiado para mejor, pero también reconoce los desafíos persistentes y el valor de mantenerse en el camino.

8. Epílogo: Reconciliación con el Pasado y Proyección al Futuro

Han pasado algunos años desde aquel día en que mi vida comenzó a dar un giro inesperado. En ocasiones, cuando cierro los ojos, me veo de nuevo en ese casino, con la respiración acelerada y el corazón palpitando, sintiendo la adrenalina de apostar. Pero hoy, cuando pienso en esas imágenes, ya no siento culpa ni vergüenza; siento comprensión, empatía por aquel joven perdido que estaba buscando una salida, una respuesta a sus inquietudes y miedos.

Reflexionando sobre mi pasado, ya no me arrepiento de los errores que cometí. Sí, hubo momentos oscuros y decisiones erradas, pero todo formó parte de un aprendizaje necesario. Hoy agradezco el camino recorrido porque, sin esos pasos torcidos, no habría llegado a donde estoy ahora. Agradezco cada caída, cada noche sin dormir, cada deuda que parecía insuperable. Agradezco a quienes se alejaron, porque me dejaron espacio para encontrarme a mí mismo, y a quienes se quedaron, porque me enseñaron lo que realmente significa el amor y la amistad incondicional.

Agradezco, especialmente, a las personas que formaron parte fundamental de mi recuperación. A Javier, quien vio en mí algo que ni yo mismo veía. A Laura, quien siempre me animó a buscar ayuda profesional. A mis padres, por su amor inquebrantable, incluso cuando no sabían cómo manejar mi situación. A mis abuelos y hermanos, por ser un refugio en medio de la tormenta. Y a mí mismo, por no darme por vencido, por levantarme cada día dispuesto a luchar un poco más, a pesar de todo.

Proyección al futuro

Ahora, con un corazón sanado y una mente más clara, me he dado cuenta de que mi misión en este mundo va mucho más allá de mi propia recuperación. Mi historia puede ser una luz para otros, una señal de que hay un camino, incluso cuando todo parece perdido. Por eso, he decidido dedicarme a ayudar a quienes todavía están en ese oscuro túnel de la adicción.

He comenzado a colaborar con fundaciones y grupos de apoyo para personas con ludopatía, compartiendo mi historia en talleres y charlas. También he escrito artículos, y este libro, con la esperanza de que mis palabras lleguen a quienes más lo necesitan. Mi objetivo no es solo mostrar que la recuperación es posible, sino también desestigmatizar esta enfermad, recordándole al mundo que detrás de cada persona adicta hay una historia, una lucha interna, y un deseo profundo de cambiar.

Pero también tengo sueños personales. Me encantaría fundar un centro de rehabilitación que no solo ofrezca terapia y apoyo, sino que también brinde herramientas prácticas para reinsertarse en la sociedad, como talleres de habilidades, apoyo educativo y asesoría financiera.

Sé que para muchos, la reintegración puede ser tan desafiante como la recuperación misma, y quiero que encuentren en este centro un lugar de esperanza y transformación.

En lo personal, he decidido no correr más, sino disfrutar de cada paso, de cada día. Sigo trabajando en mi empleo, que me permite aprender y crecer constantemente. Sigo explorando nuevas pasiones, como la música, la fotografía y el senderismo, que me conectan con la belleza del mundo de maneras que jamás imaginé. Y mantengo mi red de apoyo más fuerte que nunca, sabiendo que no hay recuperación sin comunidad.

Cierre y gratitud

Hoy, cuando pienso en el futuro, lo veo con optimismo y esperanza. Me siento agradecido por la oportunidad de vivir esta segunda oportunidad con la conciencia de quien sabe lo que es tocar fondo, pero también lo que es levantarse y renacer. No sé qué depara el destino, pero sé que tengo la fortaleza, la resiliencia y el apoyo necesario para enfrentar lo que venga.

Este es solo el comienzo de un camino diferente, uno que no siempre será fácil, pero que ciertamente será auténtico. Y si mi historia puede ayudar a una sola persona a encontrar su camino, habrá valido la pena todo lo que viví.

Así que, a todos los que leen esto, gracias por acompañarme en este viaje. Gracias por creer en mí, por ofrecerme su apoyo, y por permitirme compartir un poco de luz en medio de la oscuridad. Y sobre todo, gracias a la vida, por darme una nueva apuesta, una que hoy hago con amor, con propósito, y con la certeza de que, sin importar lo que venga, ya soy ganador.

Sección de Ayuda 8 Epílogo

En este epílogo, la clave es encontrar la paz con el pasado y construir un camino hacia el futuro lleno de posibilidades y crecimiento. Esta sección de ayuda proporciona herramientas para la reconciliación personal, la visualización de nuevas oportunidades y la planificación de un futuro más brillante.

Tip 1: aprende a reconciliarte con tu pasado, perdonándote a ti mismo y a otros

Reconciliarse con el pasado es un paso esencial para sanar y avanzar. Perdonarte a ti mismo y a quienes te rodean no significa justificar errores, sino liberarte de la carga emocional que te impide crecer. Aquí hay algunas sugerencias para lograrlo:

1. Acepta tus errores como parte del proceso de aprendizaje: Entiende que los errores son oportunidades para aprender y crecer. En lugar de castigarte por ellos, identifica qué te enseñaron y cómo te hicieron más fuerte.

2. Práctica del perdón: Dedica tiempo a reflexionar sobre las personas que te han herido y a quienes has herido. Escribe una carta de perdón, ya sea a ti mismo o a otros, sin la necesidad de enviarla. Este acto simbólico puede ayudarte a liberar resentimientos.

3. Enfócate en el presente: Practica la atención plena para anclarte en el presente. Recuerda que el pasado no define tu futuro, y que cada día es una nueva oportunidad para ser la mejor versión de ti mismo.

4. Habla con un terapeuta o consejero: Buscar ayuda profesional puede ser crucial para procesar sentimientos de culpa, vergüenza o resentimiento. Un terapeuta te puede guiar en el proceso de aceptación y perdón.

5. Crea un ritual de liberación: Desarrolla un ritual simbólico

para dejar ir el pasado, como quemar papeles con pensamientos negativos o crear una ceremonia personal de liberación.

Técnica: "Mapeo de Sueños" - Ejercicio para planificar un futuro emocionante y lleno de propósito

El "Mapeo de Sueños" es un ejercicio visual que te ayuda a planificar un futuro que te entusiasme, identificando tus sueños y creando un mapa de ruta para alcanzarlos. Cómo Hacer un Mapeo de Sueños:

1. Recopila los materiales necesarios: Necesitarás una hoja grande de papel o un tablero de corcho, marcadores de colores, revistas, tijeras, pegamento, fotos personales y cualquier otro material que te inspire.

2. Define tus áreas de interés: Divide tu hoja o tablero en secciones, como: "Salud", "Relaciones", "Carrera", "Desarrollo Personal", "Pasatiempos", etc.

3. Llena el mapa con sueños y metas: En cada sección, coloca imágenes, frases o palabras que representen tus sueños y metas para esa área de tu vida. Sé lo más específico posible.

4. Coloca tu mapa en un lugar visible: Mantén tu Mapa de Sueños en un lugar donde lo veas regularmente. Esto mantendrá tus objetivos presentes en tu mente y te motivará a trabajar hacia ellos.

5. Revisa y actualiza tu mapa regularmente: Haz un hábito de revisar tu Mapa de Sueños cada seis meses o un año. Ajusta tus metas según sea necesario y celebra tus logros.

9. Apoyo Familiar en la Recuperación

La ludopatía es una enfermedad compleja que afecta profundamente no solo a quienes la padecen, sino también a sus seres queridos. Los familiares y amigos pueden sentirse atrapados entre la compasión y la frustración, intentando ayudar mientras protegen su propio bienestar. Este capítulo está dedicado a orientarles sobre cómo manejar la situación con calma, ser un apoyo efectivo, y a la vez protegerse de los efectos que la ludopatía puede tener en sus vidas.

Entender la ludopatía

La ludopatía es una enfermedad que afecta la mente y el comportamiento. Es importante entender que esta adicción no es una falta de carácter, moralidad o voluntad; es una enfermedad que se manifiesta a través de un impulso incontrolable de jugar.

El cerebro de una persona ludópata busca la gratificación instantánea que ofrece el juego, ignorando las consecuencias a largo plazo. Comprender esto ayuda a los familiares a no culpar al ludópata por su comportamiento, sino a verlo como alguien que necesita ayuda.

Cómo mantener la calma

Es natural sentir frustración, miedo o ira cuando se enfrenta a un ser querido con ludopatía. Sin embargo, reaccionar con enojo o presión solo empeora la situación. Mantener la calma es esencial para proporcionar un apoyo efectivo. Algunas estrategias para gestionar estas emociones incluyen la práctica de la respiración profunda, la meditación, y recordar que la persona no está eligiendo activamente destruir su vida o las relaciones, sino que está lidiando con una enfermedad que lo supera.

Formas de ofrecer apoyo

Ofrecer apoyo no se trata solo de ser emocionalmente comprensivo, sino también de brindar un apoyo práctico. Esto puede incluir:

- Acompañar al ludópata a terapias o reuniones de recuperación.
- Involucrarse en actividades de recuperación, como grupos de apoyo.
- Ayudar a manejar las finanzas para evitar que la persona tenga acceso fácil al dinero para jugar.
- Ofrecer distracciones saludables, como actividades físicas o creativas.

Comunicación efectiva

La comunicación es clave para apoyar a una persona en recuperación. Hablar desde un lugar de empatía y sin juicio es esencial. Por ejemplo, en lugar de decir "¿Por qué no puedes parar?", podrías expresar preocupación diciendo: "Entiendo que esto es difícil para ti, y estoy aquí para apoyarte." Esto abre un espacio para la honestidad y la conexión, evitando que la persona se sienta atacada o avergonzada.

Cuida de ti mismo

Es fácil olvidar que los familiares y amigos también necesitan cuidado. La adicción de un ser querido puede afectar el bienestar emocional, físico y financiero de quienes le rodean. Es fundamental establecer límites saludables, como no prestar dinero o no permitir que el comportamiento del ludópata controle la dinámica familiar. Buscar apoyo externo, como terapia para uno mismo o grupos de apoyo para familiares, puede ser muy útil para gestionar el estrés.

Entender las recaídas

Las recaídas son comunes en cualquier proceso de recuperación. Prepararse emocionalmente para ellas es vital para mantener la esperanza y la paciencia. Si una recaída ocurre, trata de no reaccionar con enojo o desesperación. En lugar de ello, enfócate en apoyar a la persona para que regrese al camino de la recuperación, reconociendo que las recaídas son oportunidades para aprender y reforzar estrategias de superación.

¿Qué es una red de apoyo? ¿Cómo funcionan? ¿Cómo se forman?

Una red de apoyo es un grupo de personas que brindan ayuda emocional, moral y práctica a alguien que está pasando por un momento difícil. Para formar una red de apoyo, es importante identificar a amigos, familiares o profesionales dispuestos a escuchar y ofrecer apoyo sin juzgar. Invita a estas personas a involucrarse en el proceso de recuperación, ya sea acompañándote a reuniones, participando en conversaciones abiertas, o simplemente estando ahí para escuchar.

Reflexión final

Ayudar a un ser querido a superar la ludopatía no es una tarea fácil, pero con paciencia, empatía y una comunicación abierta, es posible ser un apoyo valioso sin perderse en el proceso. Recuerda siempre cuidar de ti mismo y buscar tu propio bienestar, porque solo desde ahí podrás brindar el apoyo que tu ser querido realmente necesita.

Sección de Ayuda 9 - Apoyo Familiar en la Recuperación

Este capítulo ofrece orientación y apoyo a los familiares de personas con ludopatía, proporcionando consejos prácticos, herramientas y técnicas para manejar la situación de una manera efectiva y saludable. La recuperación es un proceso compartido, y esta sección ayudará a los familiares a contribuir positivamente al bienestar de todos los involucrados.

Tip 1: Evita confrontaciones en momentos de tensión; elige momentos tranquilos para hablar de la situación

Hablar de la adicción es una conversación difícil que requiere un enfoque sensible y considerado. Las confrontaciones en momentos de alta tensión pueden empeorar la situación y generar resistencia.

- Elige el momento correcto: Busca momentos en los que la persona esté tranquila y relajada para hablar sobre sus problemas de juego. Evita abordar el tema durante discusiones o cuando la persona está claramente agitada.
- Crea un entorno seguro: Asegúrate de que el lugar donde hables sea cómodo y privado. Esto puede hacer que la persona se sienta más abierta a conversar.
- Usa un lenguaje constructivo: Utiliza "yo" en lugar de "tú" para expresar tus sentimientos (por ejemplo, "me siento preocupado cuando juegas" en lugar de "tú siempre estás jugando").

Técnica: "Escucha Empática" - Ejercicio para practicar la escucha sin juzgar

La "Escucha Empática" implica estar presente y escuchar activamente sin juzgar ni interrumpir. Esta técnica puede ayudar a que la persona en recuperación se sienta comprendida y apoyada. Cómo practicar la escucha empática:

1. Concéntrate en la persona: Dedica toda tu atención a la persona que habla. Evita distraerte con el teléfono o mirar el reloj.
2. Evita interrumpir: Deja que la persona hable sin interrumpir, incluso si sientes la necesidad de corregirla o agregar algo.
3. Refleja lo que escuchas: Usa frases como "Lo que entiendo es que..." o "Parece que te sientes..." para demostrar que estás prestando atención y validar sus sentimientos.
4. Haz preguntas abiertas: Haz preguntas que inviten a la persona a compartir más detalles sobre sus sentimientos o pensamientos (por ejemplo, "¿Cómo te sentiste en ese momento?").
5. Expresa empatía: Usa frases como "Entiendo que esto es difícil para ti" para mostrar comprensión y apoyo.

Tip 2: No tomes decisiones financieras importantes sin consultar a un profesional especializado en adicciones

Las decisiones financieras pueden ser críticas cuando se vive con alguien con ludopatía. Tomarlas sin la asesoría adecuada puede tener consecuencias adversas.

- Consulta a un consejero financiero especializado en adicciones: Un profesional puede ayudarte a evaluar la situación financiera y a crear un plan que proteja tanto tus intereses como los de la persona en recuperación.
- Evita firmar garantías o préstamos: No accedas a firmar documentos financieros sin la debida asesoría, incluso si sientes presión emocional.
- Desarrolla un presupuesto familiar: Crea un presupuesto que incluya a la persona en recuperación para que puedan sentir que son parte del proceso de recuperación financiera.

Tip 3: Refuerza cualquier pequeño logro o esfuerzo positivo que haga la persona en recuperación

Es fundamental reforzar cualquier paso positivo que la persona en recuperación haga, por pequeño que sea. El reconocimiento constante puede motivarlos a seguir adelante.

- Elogia los esfuerzos positivos: Reconoce cada esfuerzo que hagan, como asistir a una reunión de grupo de apoyo o resistir la tentación de jugar.
- Ofrece recompensas no monetarias: Ofrece recompensas como salir a un lugar que les guste o realizar una actividad placentera juntos.
- Sé paciente y reconoce progresos graduales: Entiende que la recuperación no es lineal. Valora los pequeños pasos hacia adelante, incluso si hay retrocesos.

Tip 4: Cómo manejar el estrés propio

Es importante que los familiares también cuiden de sí mismos para poder brindar apoyo efectivo sin sacrificar su bienestar.
Técnicas de Autocuidado para Familiares

- Meditación: Dedica 10-15 minutos diarios para meditar. Esto puede ayudarte a reducir el estrés y a encontrar calma interior.
- Ejercicio: Practica actividad física regularmente para liberar endorfinas, mejorar el estado de ánimo y reducir el estrés.
- Habla con un consejero: Considera asistir a terapia individual o de grupo para recibir apoyo emocional y orientación profesional.

Querido lector

Primero que todo, quiero agradecerte profundamente por haber llegado hasta aquí, por haber compartido este viaje conmigo, y por haber dedicado tiempo a entender una enfermedad que nos afecta a tantos de maneras tan distintas. Estoy convencido de que no hay coincidencias, y que tú y yo nos hemos encontrado en estas páginas por una razón poderosa: porque hay una vida mejor esperándote, una vida plena, llena de significado, de relaciones sanas, de paz interior, y de estabilidad en todos los sentidos.

Este libro ha sido una guía para recorrer un camino desafiante, pero también uno lleno de esperanza y transformación. Las herramientas y técnicas que hemos compartido no son solo palabras en papel; son estrategias reales y prácticas que han ayudado a muchos, incluyéndome a mí, a recuperar nuestras vidas del abismo de la adicción. Te invito a que no solo las leas, sino que las pongas en práctica con valentía y determinación. Forma tu propia red de apoyo; rodéate de personas que te entiendan, que te impulsen, y que te ayuden a ser la mejor versión de ti mismo. No tengas miedo de abrirte a ellos, de ser vulnerable y de aceptar su apoyo.

Recuerda que no estás solo en este camino. No dudes en buscar la ayuda de profesionales: terapeutas, consejeros, grupos de apoyo. Ellos están aquí para guiarte, escucharte, y ayudarte a encontrar la fuerza que quizás no sabías que tenías.

Si en algún momento dudas de ti, piensa en todas las razones por las que estás luchando: por recuperar tu vida, tu plenitud, por fortalecer tus relaciones, por reencontrarte con esa paz mental que tanto mereces, y por construir una estabilidad económica que te permita vivir sin ataduras.

A los que están leyendo esto y son familiares o amigos de alguien en recuperación, quiero decirles: ¡Gracias! Gracias por estar ahí, por brindar amor incondicional y apoyo sin límites. Su presencia es fundamental en este proceso. Continúen apoyando, continúen creyendo en ellos, y también en ustedes mismos. Tengan la certeza de que todo estará bien, porque están haciendo lo correcto.

Este libro llega a su fin, pero tu viaje hacia la recuperación y la sanación apenas comienza. Hay una vida hermosa esperándote del otro lado, llena de oportunidades, risas, nuevas experiencias y una paz renovada. Cree en ti, da el siguiente paso, y no dejes de caminar hacia adelante, porque cada paso que das es una victoria.

Gracias de nuevo por estar aquí, por leer, por aprender, por luchar. Nunca olvides que tienes en tus manos el poder de cambiar tu vida. Y recuerda siempre: nunca es demasiado tarde para empezar de nuevo.

¡Adelante! Todo lo que necesitas está ya dentro de ti.

Con gratitud y esperanza,

Zahoul Loven

Espero que estas palabras puedan inspirarte y darte la energía que necesitas para continuar en tu camino de recuperación o de apoyo. ¡Todo estará excelente!

Don't miss out!

Visit the website below and you can sign up to receive emails whenever ZAHOUL LOVEN publishes a new book. There's no charge and no obligation.

https://books2read.com/r/B-A-FEXJC-UOFYE

BOOKS 2 READ

Connecting independent readers to independent writers.